LA PRESENCE DES ABSENS,

OV FACILE MOYEN de rendre présent au Médecin l'estat d'vn malade absent.

Dressé par les Docteurs en Medecine Consultans charitablement à Paris pour les pauvres malades.

Avec les figures du corps humain, & Table servant à ce dessein : Ensemble l'instruction pour s'en servir, mesmes par ceux qui ne sçavent point escrire.

A PARIS,

Au Bureau d'Adresse, ruë de la Calandre, au grand Coq.

M. DC. XLII.
AVEC PRIVILEGE.

LA PRESENCE
DES ABSENS,
OV
FACILE MOYEN DE RENDRE
préſent au Médecin l'eſtat d'vn
malade abſent,

*Dreßé par les Docteurs en Médecine
Conſultans charitablement à Paris pour
les pauvres malades.*

PREFACE,

'APPROBATION de Dieu
& des hommes qu'ont ren-
contré nos Conſultatiọns
Charitables, ne permet pas
que ce grand bien demeure
plus long-temps enfermé dans l'enceinte
de Paris : Il faut que, comme cette ville
Princeſſe & Métropolitaine du Royaume,
a la premiére gouſté les fruits de cette
Charité, qui continuë de ſe communiquer
tous les jours avec le ſucces que nous laiſ-
ſons anoncer à dix mille bouches, d'autant
moins ingrates de cette recõnoiſſance, que

A ij

c'eſt la ſeule qu'ils luy peuvent rendre, apres les remerciemens à Dieu qui en eſt l'autheur: elle envoye encor de ſon centre comme autant de rayons partout le monde ; qui faciliteront à tous les peuples le moyen de prendre part aux effets de cette charité.

Pour ce faire, cette charitable Compagnie compoſée des Docteurs en Médecine receus dans les plus célébres Vniverſitez de l'Europe, a eſtimé ne ſe devoir pas contenter de donner toutes les ſemaines vne apres-diſnée entiére, qui eſt celle des Mardis, aux Conſultations qui ſe font dans la grande ſalle du Bureau d'Adreſſe deſtinée par elle à cet éffet, pour y recevoir tous les malades qui ſe préſentent : Elle n'eſtime pas encor avoir aſſez fait de députer, comme il ſe pratique, des Médecins de ſon Corps, pour aller viſiter, traiter & faire médicamenter ceux qui ne ſe peuvent tranſporter à ce Bureau : ni meſmes d'avoir tellement multiplié ces Conſultations, pour la commodité des malades qui arrivent les autres jours de la ſemaine, que l'on trouve tous les jours depuis dix heures du matin juſques à midy, du moins trois Conſultans dans le meſme lieu : leſquels y vaquent diligemment à traiter riches & pauvres. Elle a d'abondant jugé à propos pour rendre vn ſi grand bien

d'autant plus cõmunicable, c'eſt à dire d'autant plus grand , de dreſſer vn formulaire
pour l'vſage des malades abſens , tellement
familier, que non ſeulement l'Apothiquai-
re & le Chirurgien des champs, & celuy qui
aura la moindre connoiſſance des maladies
& de leurs accidens, mais juſques aux ſim-
ples femmelettes & enfans , moyennant
qu'ils ſçachent lire , les pourront ſuffiſam-
ment inſtruire de l'eſtat du malade , de ſa
maladie, & de tous les ſymptomes & cir-
conſtances néceſſaires pour tirer les indications requiſes à les bien & méthodique-
ment traiter, voire auſſi bien que ſi le malade eſtoit préſent.

Et encore que cette commodité ſoit capable de s'inſinüer aſſez d'elle meſme dans
l'eſprit des hommes : Neantmoins pour ce
que pluſieurs (& notamment ceux qui ſe
ſont voulus rendre parties formelles contre
cette Charité) ne manqueront non plus à
impugner ce loüable deſſein , qu'ils ont
fait tous les autres précédens qui tendent
à meſme fin de la commodité des pauvres
malades : leur médiſance ſervira d'excu-
ſe au divertiſſement que nous donnerons
au Lecteur, par la déduction des vtilitez qui
reviendront de cette invention.

A iij

VTILITEZ DE CE LIVRE.

CEux qui ne voudront ou ne pourront faire venir les Médecins chez eux: soit pour en estre trop éloignez, ou n'avoir pas le moyen de payer le voyage de ceux ausquels ils se confient, & qui ne pourront ou ne voudront se transporter chez eux, trouveront icy dequoy suppléer à ce defaut: n'y ayant aucune des remarques & demandes que les Médecins ont accoustumé de faire à leurs malades, & d'où ils prennent leurs indications, qui n'y soit employée.

Par ce moyen plusieurs pauvres malades ne seront plus destituez de conseil, comme ils font, dans la campagne & dans les lieux écartez des grandes villes: ce qui tourne au grand préjudice de plusieurs: pource qu'ils sont contrains de commettre le traitement de leurs maladies à des Apothiquaires, Chirurgiens & Barbiers demeurãs aux villages qui ne sont pas tousjours suffisammée instruis pour bien descrire vne maladie ni ses accidens : à faute dequoy les malades meurent souvent de maladies au commancement légéres & curables, si elles eussent esté bien traitées, voire qui pis est, sans avoir donné ordre à leur ame & à leurs affaires domestiques, pour n'avoir pas préveu le péril où ils estoient : grande partie desquels

funestes accidens se pourra desormais évi-
ter: puis qu'il n'y aura aucun, cóme j'ay dit,
si ignorant, pourveu qu'il puisse tant seulement lire, qui ne soit capable de donner
suffisante instruction à tel Médecin qu'il
voudra de l'estat du malade absent, & de sa
maladie par le seul vsage de ce livre.

Les malades mesmes qui sont traitez aux
champs & lieux écartez, par des Chirurgiẽs
& Apothiquaires capables de dresser les
mémoires pour envoyer consulter leurs maladies, en seront beaucoup mieux servis:
en ce qu'on n'oubliera aucune circonstance
requise à l'entiére & parfaite connoissance
de leur mal: estât notoire que les plus grandes fautes qui se commettent au traitement
des malades, viénent de ce qu'elles ne sont
pas bien connuës, l'vne estant prise pour
l'autre, & partant la Médecine n'estant pas
vn art de deviner, comme le vulgaire ignorant se persuade, on ne sçauroit apporter
trop de circonspection à bien instruire vn
Médecin. Ce qui se fera beaucoup mieux
quand ceux qui luy envoyent le récit d'vne
maladie auront leur leçon par escrit, dont
la lecture les condüira comme par la main
à la remarque de toutes les choses dignes de
considération: lesquelles autrement eschap-
pent facilement à la memoire: De sorte que

ceux qui voudroient mesmes dresser négli-
gemment ces mémoires pour prendre l'avis
des Médecins, ne le pourront plus faire,
estans obligez de remarquer ou faire mention de chacun chef du livret : & par ainsi
on n'y pourra plus faillir par ignorance, ni
par malice, les deux seules voyes par lesquelles se commettent toutes les fautes.

Les Médecins mesmes absens, desquels
on demãde l'avis par cette méthode, seront
nécessitez de se rendre plus exacts à la connoissance & discernement des maladies, &
en la description de leurs remédes : pource
que mettans, côme ils seront tenus de faire,
leur avis au pied du Livret, où le malade &
la maladie seront naïvement dépeins & dé-
crits; les defaux de leurs ordonnances, s'il y
en avoit, seroient bien plus remarquables.
Comme on reconnoit mieux les fautes que
les peintres font en la représentation des
personnes présentes, où dont les trais de
visage sont bien connus, tel que sera l'estat
des malades dépeint par cette invention, &
d'où par ce moyen les personnes capables
en l'art de Médecine jugeront du sçavoir
ou de l'ignorance du Médecin qui auroit
donné son avis : Ce qui ne se peut pas faire
à la façon qui se pratique en ordonnant à
part : où l'on peut seulement discerner si
                                        vne

vne ordonnance eſt bien doſée, & poſſible
ſi elle vient d'vn Médecin qui ſoit exercé
en la pratique de ſon art, mais non ſi elle eſt
ordonnée à propos, & ſi elle convient au
malade & à la maladie, qui eſt le principal.
Tellement que chaque Médecin conſidé-
rant qu'il ira de ſon honneur, au lieu qu'il
n'eſt aujourd huy porté que par la con-
ſcience, ſera encor touché de la perte de ſa
réputation: qui ſervira d'vn double éguil-
lon pour l'inciter, & d'vn double lien pour
l'attacher plus ferme à ſon devoir.

Les Médecins qui traitent des maladies
de conſéquence, & dont il importera de
remarquer de temps en temps, voire pluſieurs fois le jour, l'eſtat de leur maladie, y
trouveront auſſi vn notable ſoulagemét de
leur mémoire, & vn grand abregé. Car
ayans autant de livrets, comme ils voudront remarquer de temps divers, ils pourront arreſter en chacun de ces livres l'eſtat
préſent de leur malade, à l'imitation des
Aſtrologues qui arreſtent de temps en
temps l'eſtat du Ciel ſur le papier: lequel
eſtat s'écouleroit autrement de leur eſprit,
& leur empeſcheroit le jugement qu'ils en
veulent faire: comme au contraire ces dif-
férentes aſſiétes & eſtats de leur malade faciliteront aux Médecins les conſéquences

qu'ils voudront tirer de leur comparaison,
pour en inférer les crifes & les autres mou-
vemens de la nature, avec ce qu'ils ont à
faire.

Il y a plufieurs maladies honteufes qui
empefchent les malades de fe découvrir, &
lefquelles par cette timidité fe rendent in-
curables : au lieu que par ce livret chacun
pourra en taifant fon nom, qui ne fert de
rien à la cure des maladies, en rapporter vn
bon & falutaire avis.

Enfin, comme la veüe eft le plus prompt
de tous les fens, chacun verra dans ce tableau, comme dans vn miroir, vne infinité d'interrogations, aufquelles il feroit ennüyeux de vaquer, s'arreftant fur les chofes qui le mériteront, & parcourant celles
qui luy fembleront dignes de nulle ou de
petite confidération.

Voila quelques vtilitez de noftre livret,
l'vfage vous defcouvrira le refte.

Car on ne s'amufera point icy à refpon-
dre à ceux qui prenans à tafche de defcrier
les inventions d'autruy, diront que l'on ne
peut comprendre dans vn livre l'infinité
des circonftances dont la diverfe conbina-
tion fait varier le cas : puis que les lettres
d'vn feul alphabet fuffizent à defcrire vne
infinité de volumes : & quand les Médecins

Apothiquaires, Chirurgiens, & en leur ab-
sence les autres personnes qui envoyeront
ici ou ailleurs demander avis de quelque
maladie, y trouveront des choses extraordinaires qui mériteroyent qu'il en fust faite
mention expresse, rien n'empeschera qu'ils
ne les y ajoustent : comme les livres de la
Physique n'empeschent pas que l'on ne
parle des monstres.

Aussi peu nous pourra nuire ce qu'on di-
ra que cette invention n'est pas à nous : veu
que l'on en pouvoit autant reprocher à Ga-
lien, qui avoit tiré sa doctrine d'Hypocrate,
& luy mesme d'ailleurs : n'estant pas peu de
dôner l'ordre aux choses & en tirer vn nou-
vel vsage. Mais laissant la vanité aux autres,
nous serons assez contans que le public,
voire ceux mesmes qui nous avoyent blas-
mez au commancement, en reçoivent l'vti-
lité, sans se soucier autrement d'où elle viendra : & possible que ceux qui désirent icy de
la nouveauté, seroient les premiers à la com-
batre à cause d'elle-mesme.

Les autres trouveront la lecture de cet
ouvrage importune & desagreable, pource
qu'ils le jugeront, comme il est, du tout sans
ornement & sans affectation, & y eussent
désiré vn langage fleuri : à faute de sçavoir
que le fast n'est pas propre à instruire, non
plus que les fleurs à nourrir, & que s'agis-

fant de profiter à tout le genre humain indifféremment, composé pour la plus part
de gens ignorans, noftre façon de traiter
s'eft accommodée à leur portée, qui ne fera
pas inutile aux fçavans, comme les termes
plus relevez de noftre art le feroient aux
ignorans. Mais que ceux qui chercheront
vn beau langage en François, en Grec ou
en Latin, fe donnent le contentement d'af-
fifter à nos Confultations, & ils fçauront
comme la Medecine y eft traitée.

Quelques vns trouveront auffi eftrange
que nous faffions vn dénombremét fi exaĉt
des chofes defquelles on peut tirer les in-
dicatiõs: poffible pource qu'ils n'y apportét
pas tant de façon dans leurs Confultations.
Mais que ceux là fçachent qu'on ne fçau-
roit traiter avec trop de circonfpection le
chef-d'œuvre de Dieu, & que d'ailleurs les
chofes qui furabondent n'eftans pas vicieu-
fes: ceux qui fe ferviront de ce Livret pourront laiffer ce qu'ils voudrót, & ne marquer
que ce qu'ils trouveront convenir à leur
deffein.

Nos médifans ne manqueront pas auffi de
nous vouloir rendre odieux aux Médecins
des autres villes, comme fi nous les tenions
fufpeĉts d'ignorance, & de ne fçavoir pas
dreffer les mémoires pour confulter des ma-

ladies où il eſt beſoin de prendre quelque
avis célébre. Mais nous avons trop bonne
opiniõ, voire meilleure que nos envieux de
la capacité de tous les Docteurs en Médecine qui ont obtenu leurs degrez dans les
Vniverſitez fameuſes, pour la révoquer en
doute: Nous les embraſsõs avec trop d'affe-
ction & de charité fraternelle pour avoir in-
tention de leur nuire. Et l'on peut dire véri-
tablement de cet ouvrage, que tout ainſi
qu'il ſert comme d'vn fil d'Ariadne pour
conduire par la main le menu peuple qui ſera deſtituë des Médecins & d'autres perſon-
nes capables pour dreſſer leurs mémoires:
ainſi ſervira il de moyen aux plus ſçavans
Médecins,& comme tels ordinairement les
plus employez, pour leur épargner le téps,
qui leur eſt la choſe la plus chere : puis qu'il
ne leur ſera pas ſeulement libre de dreſſer
exactement par cette invention pluſieurs
mémoires pour conſulter, contre vn : mais
qu'ils ſe pourront faire ſoulager de cette
peine par le moindre de leurs valets qui
ſçaura lire, voire par les malades meſmes.
Ioint que ceux qui ont le plus d'expérience
ſçavent que la Médecine eſt vn art de compagnie, & la pratique duquel ſe trouve en
cela différente de la Iuriſprudence,que l'A-
vocat qui a bien plaidé n'en eſt pas moins

estimé, encor qu'il vienne à perdre sa cause:
mais le vulgaire ignorant juge volontiers
d'vn Médecin par le succes de la maladie:
dont il ne se peut mieux garantir que par la
consultation : laquelle ne se pouvant faire
quelquefois avec les Médecins du lieu, pour
n'y en avoir pas en nombre suffisant, & pour
n'estre pas tousjours en bonne intelligence,
ou pour y estre trop au gré des malades &
ne se vouloir départir de leurs avis, ni se dé-
dire les vns les autres: Il n'y a point de moyē
plus puissant pour conserver la réputation
des Médecins sçavans, & qui n'ont rien obmis au traitement d'vne maladie, bien que
le succes ne responde pas tousjours à leurs
soings, que de faire approuver leur procédé
par des personnes d'ailleurs, desinteressées
& capables d'en juger: à quoi ce Livre dōne
plus de facilité qu'il n'y en avoit auparavāt.

De sorte que cet ouvrage sera desormais
vne pierre de touche pour discerner les
bons Médecins d'avec les autres : ceux-cy
n'apprehendās rien tant sinon que l'on s'en
serve, & de la méthode qui y est contenuë:
pource qu'on pourra aisément connoistre
par ce moyen les fautes qu'ils auront com-
mises au traitement des maladies, & mesme
juger par là s'ils les auront bien connuës: Au
lieu que les premiers, experts en leur profes,

fion, ne demanderont pas mieux que de
rendre chacun tefmoin de leurs actions.

Et pource que dans l'éxamen des chofes
que le Médecin doit fçavoir pour bien con-
noiftre vne maladie, & luy ordonner des
remédes bien à propos: il y a quelques con-
fidératiõs communes à tous les deux fexes,
& d'autres particulieres à chacun d'iceux:
d'autres encor qui appartiennent à la Chi-
rurgie. Le premier des huit Chapitres, auf-
quels ce livre eft divifé, fera commun à
tous les deux fexes: le fecond fera pour les
mafles: le troifiefme, pour les femelles: les
cinq fuivans Chirurgicaux, traiterõt des tu-
meurs, playes, vlcéres, fractures & luxatiõs:
finiffans par ce qui a efté fait au malde, le
date du livre, la refponfe à quelques nou-
velles objections & fa table alphabetique:
chacun defquels fera obmis par ceux qui
n'y auront que faire, à fçavoir le chapitre
concernãt les mafles par celuy qui demandera avis pour vne femme ou fille, & celuy
des femelles, lors qu'on demandera confeil
pour vn hôme ou garçon, & ainfi des autres.

L'vfage fera tel, qu'il faudra marquer
d'vn crayon, ou foufligner d'vn léger trait
de plume le mot, le nombre ou la partie
de la figure que l'on voudra défigner : avec
cette diftinction pour les figures repréfen-

tans ie corps humain ou les parties d'iceluy,
que pour marquer vne douleur ou autre mal
externe, le trait finiſſe à la peau ou partie
extérieure de la figure, ſans eſtre continüée
d'aucuns poins : mais pour ſignifier vne
douleur ou mal interne de la meſme partie,
il faudra continüer la ligne avec des poins.

Ainſi pour ſigni-
fier vne playe ſu-
perficielle à la
joüe droite, je la
repréſenteray par
la ligne A, qui va
ſimplement finirà
cette partie là,ſãs

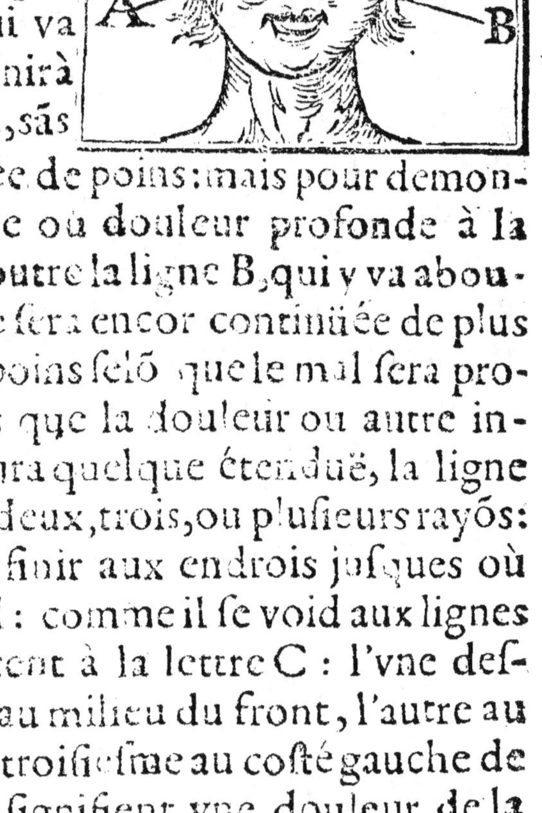

eſtre continüée de poins:mais pour demon-
trer vne playe ou douleur profonde à la
joüe gauche,outre la ligne B,qui y va abou-
tir, cette ligne ſera encor continüée de plus
ou moins de poins ſelõ que le mal ſera pro-
fond : & lors que la douleur ou autre in-
commodité aura quelque étendüe, la ligne
ſe diviſera en deux,trois,ou pluſieurs rayõs:
leſquels iront finir aux endrois juſques où
le mal s'eſtend : comme il ſe void aux lignes
qui commancent à la lettre C : l'vne deſ-
quelles allant au milieu du front, l'autre au
ſommet, & la troiſiéſme au coſté gauche de
la teſte, elles ſignifient vne douleur de la
moitié

moitié d'icelle dite hemicranie, & par le
vulgaire migraine.

Ainsi pour repréfenter l'eftat d'vne perfonne malade, dont le pére aura long temps vef-
cu, mais maladif & incommodé de goutes :
qui l'aura engendré en fa vieilleffe, d'vne
mere jeune & faine , qui l'aura engendré
en fa jeuneffe. De laquelle perfonne malade
la conftitution eft foible : qui a peu de poil,
blond, mol, delié & humide : le teint pafle : qui eft de ftature moyenne, d'habitude
maigre : qui eft facile à prendre remédes liquides, difficile à prendre les folides : qui
eft difficile à émouvoir par en bas, qui vomit
facilement, &c : Ie fouffigneray de la plume, ou marqueray du crayon tout ce que
deffus dans le texte fuivant, comme vous
le verrez, & que ceux qui en auront le temps
pourront extraire deffus vn papier à part :
laiffans les mots qui ne feront point bar-
rez ou crayonnez : & par ce moyen on y
trouvera vn fens complet & nullement in-
terrompu des autres mots invtiles au fait
dont il s'agit : En voicy l'éxemple.

LA perfonne pour laquelle on demande avis tire fa naiffance d'vn pere de
longue vie, médiocre ou briéve, ou bien
qui vit encor : fain, ou qui a efté incómodé

de douleur de teſte, de paralyſie, d'apopléxie, de haut mal, du poulmō, d'hydropiſie,
de gravelle, de pierre, de colique, de mal
vénérien, de gouttes, d'hæmorroïdes, de lépre, &c. Qui l'a engédré en ſa jeuneſſe, en ſō
aage viril ou en ſa vieilleſſe : d'vne mere de
longue vie, mediocre, ou courte, ou encore vivante : ſaine, ou qui a eſté incommodée de douleur de teſte, de paralyſie, d'a-
popléxie, de haut mal, du poulmon, d'hydropiſie, de ſuffocation de matrice, de gravelle, de pierre, de colique, de maladie vé-
nérienne, de gouttes, d'hæmorroïdes, de
lépre, &c : qui l'a engendré en ſa jeuneſſe,
en ſon aage moyen, ou vers la vieilleſſe.

Quant à ſa conſtitution, elle eſt robuſte,
médiocre ou foible.

Eſt de ſtature fort haute, moyenne, petite,
ou fort petite.

D'habitude graſſe, graſſette ou maigre.

Eſt facile, ou difficile à émouvoir ou
purger par en bas.

Eſt facile, difficile, ou indifférent à prendre
remedes liquides, ou ſolides :
Vomit facilement, difficilement, ne vomit
jamais.

Et ainſi de tout le reſte : qu'il ſera aiſé d'appliquer au meſme vſage & employer chacun mot de ce livret, pour luy faire rendre ſa ſignification ; Comme en appuyant les doigts ſur les marches d'vne épinette, vous leur faites rendre leur ſon, l'vne reſonnant tandis que les autres ſe repoſent : d'où naiſt l'harmonie de l'inſtrument. Que ſi on n'étend ou on ne ſçait point quelque article de ces obſervations, ou qu'il ne faſſe point, comme j'ay dit, au ſujet, il le faudra obmettre : comme on pourra, en tout cas, ajoûter ce qu'on croira y manquer.

Icy finit ce que nous avons creu devoir précéder pour l'éclairciſſement de noſtre deſſein & pratique d'iceluy, & commancent *Les obſervations communes à tous les deux ſexes, & où ſe doivent faire les premieres marques.*

LA perſonne pour laquelle on demande avis tire ſa naiſſance d'vn pére de longue vie, médiocre ou briéve, ou qui vit encor : ſain, ou qui a eſté incommodé de douleur de teſte, de paralyſie, d'apopléxie, de haut mal, du poulmon, d'hydropiſie, de gravelle, de pierre, de colique, de goutes, d'hæmorroides, de mal vénérien, lépre &c : Qui l'a engendré en ſa jeuneſſe, en ſon aage viril, ou en ſa vieilleſſe : D'vne mere de longue vie, médiocre ou courte, ou encore vivante : ſaine ou qui a eſté incommodée de douleur de teſte, de paralyſie,

d'apopléxie , de haut mal , du poulmon,
d'hydropifie, de fuffocation de matrice, de
gravelle, de pierre, de colique, de mal vénérien, de gouttes , d'hæmorroides, de lépre,
&c : qui l'a engendré en fa jeuneffe, en fon
aage moyen, ou vers fa vieilleffe.

Quant à fa conftitution : elle eft robufte,
médiocre ou foible.
Eft de ftature fort haute, moyéne ou petite:
D'habitude fort graffe, graffette ou maigre.

A la tefte fort groffe, petite ou bien pro-
portionnée au refte du corps.

A le front grand, moyen ou petit: les tempes vnies ou creufes. les yeux eftincelans,
gais ou mornes : gros , moyens ou petits :
bleus, verds, roux , gris , blancs ou noirs :
fortans de la tefte , à fleur de tefte , peu ou
beaucoup enfoncez : Le nez gros , pointu,
rouge , bleu, long, court, de moyenne groffeur & longueur, aquilin ou en manche de
razoir, camus ou enfoncé, ouvert ou refferré
peu ou beaucoup La lévre d'enhaut & d'enbas vermeille, pafle, bleuë, groffe, renverfée,
moyenne ou petite & tenve : La bouche
grande, médiocre ou petite : les dents fer-
rées ou éloignées les vnes des autres , blanches ou rouffes & noires , faines ou gaftées,
feches ou humides: Les joües groffes, pen-
dãtes, plates, caves, ou médiocres: Le men-
ton long, court, médiocre, rond ou fourchu:

Le col court, long, de moyenne longueur,
gros, delié, de médiocre grosseur : La poitrine large, étroite ou de moyenne étenduë.

A peu ou beaucoup de poil, crespu, blond,
roux, rouge, chaistain, noir, qui commance
à blanchir, ou est blanc, ou est chauve par
tout, ou au sommet, devant, derriere, ou en
plusieurs endroits de la teste.

A le poil gros, médiocre, ou delié, gras, ni
trop sec ni trop humide.

A la couleur bonne ou mauvaise naturellement ou par accident : le teint blanc,
pasle, vermeil : le pommeau des joües vn peu
ou fort rouge : ou a le teint brun ou clair,
bazané, olivastre, noir : a, ou n'a point de
rousseurs ou taiches au visage : ayant ou
n'ayant jamais eu la petite verole.

A la taille droite, ou est bossu beaucoup ou
peu, devát ou derriere : est beaucoup ou peu,
boiteux de la hanche, jambe ou pied droit
ou gauche, naturellement ou par accident.

Dort peu ou beaucoup, loing ou incontinent apres le repas, paisiblement ou avec inquiétudes, point depuis peu ou beaucoup
de jours.

A des songes agréables, faschcux ou in-
différens : songe voir du feu, de l'eau ou
bourbe, ou voler en l'air.

Est facile ou difficile à émouvoir ou purger par en bas.

Vomit facilement, difficilement : ou ne vomit point du tout.

Est difficile, indifférent ou facile à prendre remédes solides : facile, difficile, ou indifférent à prendre remédes liquides.

Demeure ou ne demeure pas dans son air natal : qui est serein ou trouble, subtil ou grossier, éclairé ou non éclairé du Soleil & exposé aux vents, d'Orient, de Midi, du Couchant ou du Septentrion : libre ou resserré entre des montagnes : tempéré, chaud, froid, sec ou humide & marescageux, ou pres d'vne riviére : infecté ou non infecté.

Mange & boit peu ou beaucoup en sa santé : fait par jour vn, deux, trois ou quatre repas.

A tousjours esté sobre en son boire & en son manger : ou a fait depuis peu ou de longue main, excez de boire vin vieil ou nouveau, biére ou citre, eau froide, de fontaine, de riviére, de cisterne, de puits, infectée : ou bien de manger trop de salures, épiceries, patisseries, poisson d'eau bourbeuse, huitres, fromage mol, dur, laitages, aulx, oignós choux, navets, raves, champignons, concombres, melons, pois, féves, chastaignes, abricots, pesches, noix, & autre mauvaise nourriture & choses de difficile digestion : A pris du tabac par excez, en fumée, ou le maschant, ou le mettant dans le nez.

Est de grand, médiocre, ou de peu de travail de corps :

De grand, médiocre ou de peu de travail d'esprit :

Est rarement, quelquefois ou souvent malade : de maladies fort ou moyennement longues ou courtes, légeres ou perilleuses.

A couſtume de ſe purger & ſaigner 1 2 3 ou 4 fois l'an ou le mois : ce qu'il a ceſſé de faire depuis 1 2 3 4 5 ou 6 mois ou ſemaines.

A vn, deux, trois ou quatre cautéres derriére la teſte, les oreilles, les eſpaules, au bras ou à la jambe : qui fluënt beaucoup, peu ou point, de longue main ou depuis qu'il eſt malade : Ou avoit vn, deux ou trois cautéres qu'il a laiſſé fermer depuis, 1 2 3 4 5 6 7 8 9 10 11 ans mois ou ſemaines.

Avoit de la gale ou quelque vlcére deſſéchée peu ou long temps devant ou depuis ſa maladie.

Son aage eſt de

Ans,							Mois,	Iours,			Heures,	
1	2	3	4	5	6	7	1	1	11	21	1	13
8	9	10	11	12	13	14	2	2	12	22	2	14
15	16	17	18	19	20	21	3	3	13	23	3	15
22	23	24	25	26	27	28	4	4	14	24	4	16
29	30	31	32	33	34	35	5	5	15	25	5	17
36	37	38	39	40	41	42	6	6	16	26	6	18
43	44	45	46	47	48	49	7	7	17	27	7	19
50	51	52	53	54	55	56	8	8	18	28	8	20
57	58	59	60	61	62	63	9	9	19	29	9	21
64	65	66	67	68	69	70	10	10	20	30	10	22
71	72	73	74	75	76	77	11				11	23
78	79	80 juſtes, paſſez					ou environ,				12	
ou environ.												

Est malade ou au lit depuis

Ans,				Mois,	Iours.			Heures.		
1	2	3	4	1	1	12	23	1	12	
5	6	7	8	2	2	13	24	2	13	
9	10	11	12	3	3	14	25	3	14	
13	14	15	16	4	4	15	26	4	15	
17	18	19	20	5	5	16	27	5	16	
21	22	23	24	6	6	17	28	6	17	
25	26	27	28	7	7	18	29	7	18	
29	30	31	32	8	8	19	30	8	19	
33	34	35	36	9	9	20		9	20	
37	38	39	40	10	10	21		10	21	
41	42	justes		11	11	22		11	22	23
ou environ.					justes ou environ.					

A cause d'vne fiévre qui arrive tous les
jours, ou de deux jours l'vn, ou qui a deux
jours bons & vn mauuais, ou deux mau- 15
vais jours & vn bon : dont l'accez prend à
mesmes ou diuerses heures, auance ou re-
cule, commance auec grand ou petit frisson,
qui dure vn demi quart d'heure, demie heure trois quarts d'heure, 1 2 3 4 5 6 heures: 20
qui prend vne ou deux fois le jour, auec
baaillemét, extésion du corps, mal de cœur,
vomissement, douleurs de mébres, lassitude:
sans qu'aucun trauail ait précédé : qui est
suiui d'vne grãde ou médiocre chaleur, dou 25
leur de teste, seicheresse de bouche, & petite
grande ou médiocre soif : lequel chaud dure vn demi quart d'heure, demie heure, trois
quarts d'heure, 1 2 3 4 5 6 7 8 9 10 11 12

13

13 14 15 16 17 18 19 20 21 22 23 24 heü-
res : finit par vomiſſement, cours de ventre,
ſueur, flux d'vrine. Ou bien eſt au lict, à cau-
ſe d'vne fiévre continuë : qui a commancé
par vn grand ou petit friſſon, ou ſans friſſon :
par mal de cœur, vomiſſemens & laſſitude :
dont la chaleur eſt inſuportable, ou ſuporta-
ble, avec grande, médiocre ou petite altéra-
tion : grand, médiocre ou petit froid des parties du dehors : avec vne chaleur grande,
médiocre ou petite des parties du dedans,
ou au contraire : douleur de reins, avec ou
ſans mal d'vn coſté ou des deux coſtez : avec
ou ſans toux, ſéche ou humide, veilles ou
endormiſſemés, reſveries, inquiétudes : Laquelle fiévre continuë eſt tousjours égale à
ſoy-meſme, ou a des redoublemens tous les
jours, ou de deux jours l'vn, ou meſmes
deux fois en vn jour : ou bien eſt lente, qui
redouble apres le repas, avec chaleur au dedans des mains : eſt accompagnée de mal de
teſte ou des autres parties qui ſeront marquées en la figure A, B ou C : tirant la ligne qui ſignifie la douleur, depuis le mot
de douleur juſques à la partie dolente, &
ainſi de la rougeur & des autres accidens,
avec ou ſans poins, ſelon qu'ils ſeront pro-
fonds ou ſuperficiels.

D

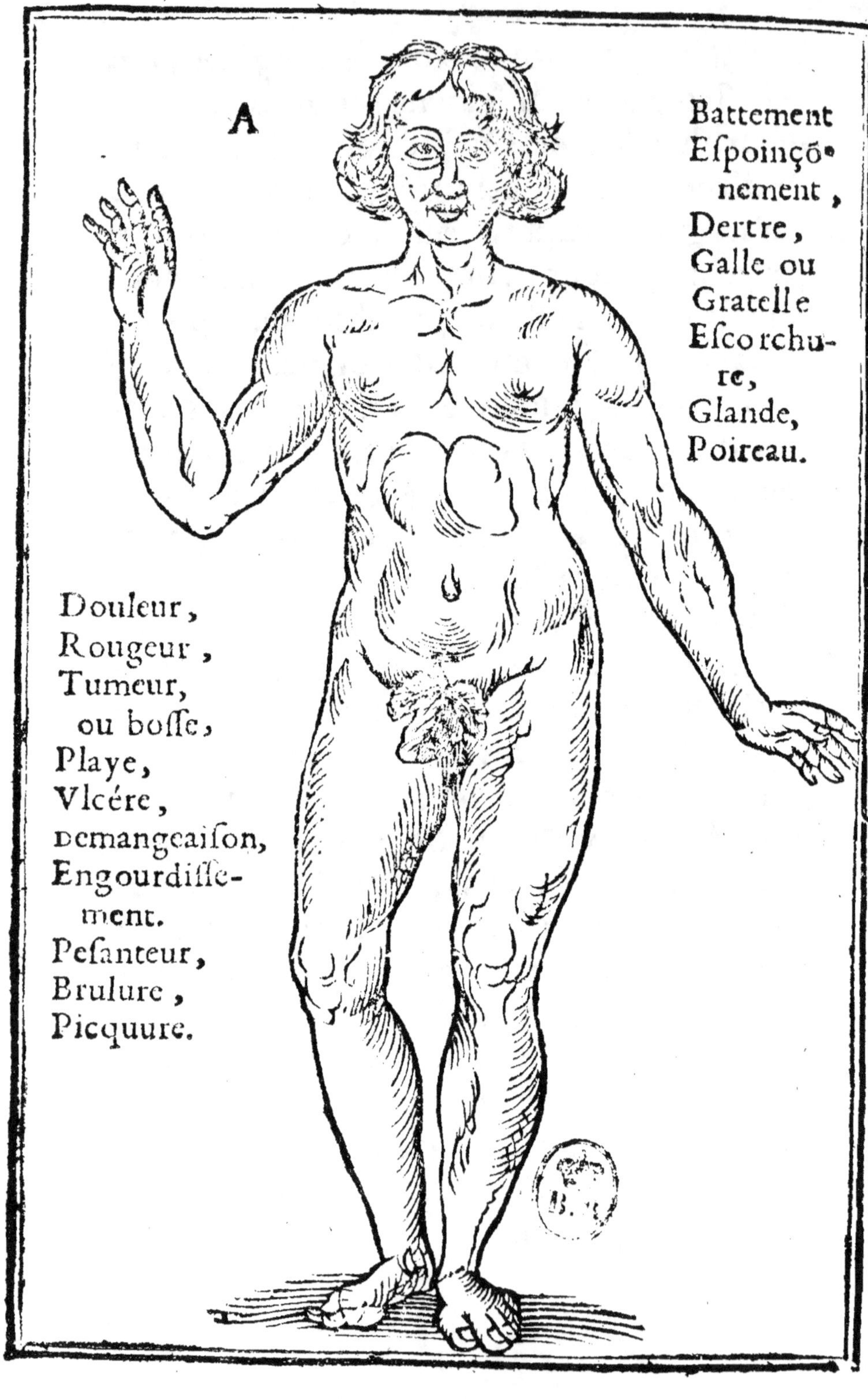

A

Battement
Espoinçõ-
nement,
Dertre,
Galle ou
Gratelle
Escorchu-
re,
Glande,
Poireau.

Douleur,
Rougeur,
Tumeur,
ou bosse,
Playe,
Vlcére,
Demangeaison,
Engourdisse-
ment.
Pesanteur,
Brulure,
Picquure.

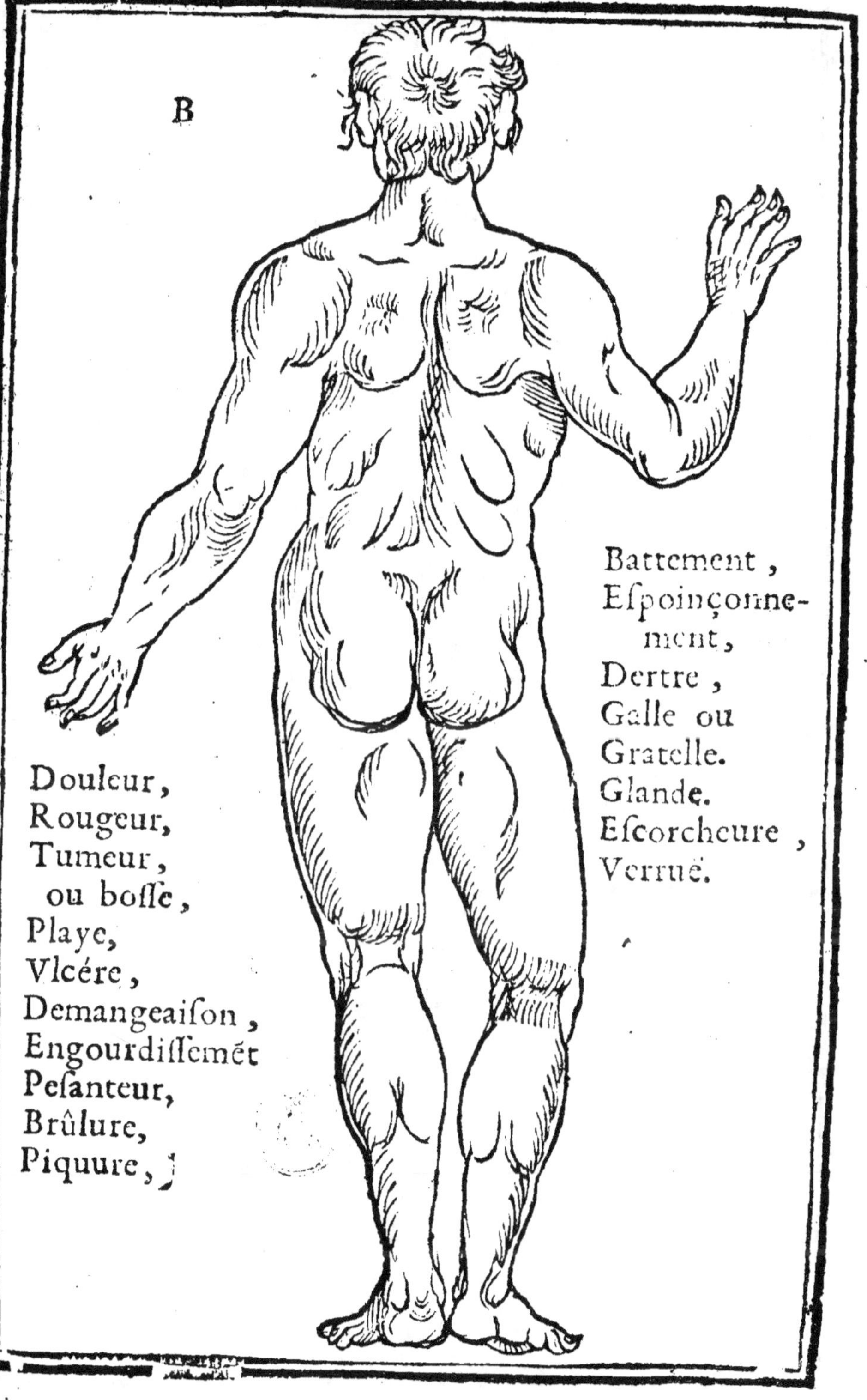

B

Battement,
Efpoinçonne-
ment,
Dertre,
Galle ou
Gratelle.
Glande.
Efcorcheure,
Verruë.

Douleur,
Rougeur,
Tumeur,
ou boffe,
Playe,
Vlcére,
Demangeaifon,
Engourdiffemét
Pefanteur,
Brûlure,
Piquure,

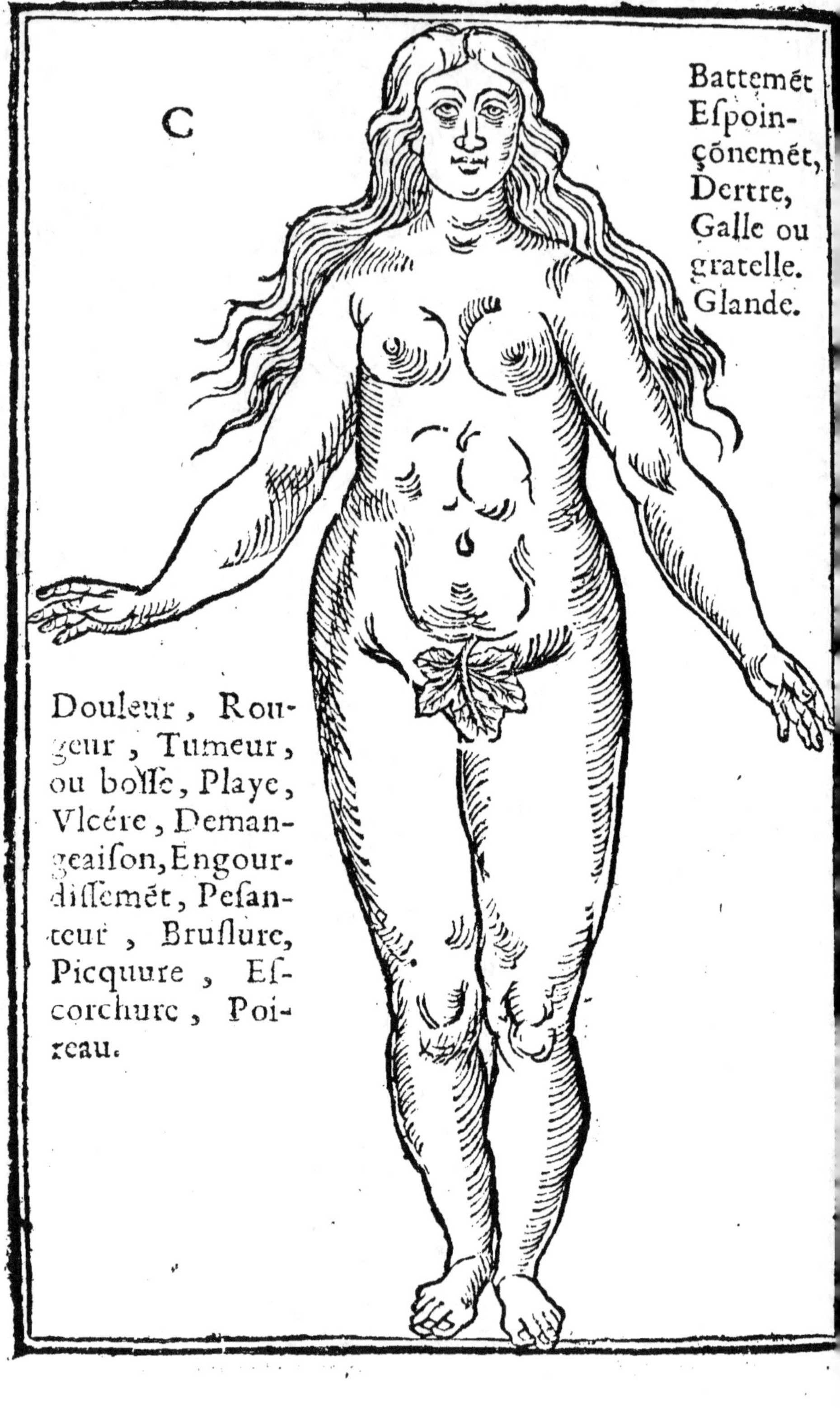

C

Battemét Espoinçõnemét, Dertre, Galle ou gratelle. Glande.

Douleur, Rougeur, Tumeur, ou bosse, Playe, Vlcére, Demangeaison, Engourdissemét, Pesanteur, Bruslure, Picquure, Escorchure, Poireau.

A le ventre fort dur & fort tendu, ou mol,
beaucoup ou peu refferré ou conftipé : ou
bien libre , médiocrement , ou avec flux de
ventre : allant à la felle plus de jour que de
nuit , ou plus de nuit que de jour , 1 2 3
4 5 6 7 8 9 10 11 12 fois en vn jour, ou
par chacune heure : avec ou fans tranchées
& grandes douleurs dans le ventre , au fon-
dement , & avec ou fans épreintes : faifant
des matiéres blanches , boüeufes , jaunes ,
rouges & fanglantes , femblables à laveure
de chair , grifes , vertes , noires , ou de plufieurs couleurs : efcumeufes ou non : avec ou
fans raclures de boyaux.

Piffe fouvent ou rarement , avec douleur
ou fans douleur : rend beaucoup ou peu d'v-
rine à la fois : goutte à goutte ou à plein ca-
nal : lefquelles font claires ou troubles en
les rendant : blanches , jaunes , à couleur de
citron, rouges, rougeaftres , fanglantes,ver-
daftres , noires : eftans repofees ne fe chan-
gent point, ou de claires qu'elles eftoient
deviennent troubles : font femblables à de
l'eau, à du verjus nouveau, à vrine de jument :
ont vn nüage au fonds, au milieu, ou au haut :
lequel nüage eft blanc , vni , égal , ou
divifé en plufieurs petites parcelles : ou n'ont
aucun nüage , ou ont des filets ou des ordu-
res femblables à du fon ou à de la graiffe qui

nage au deſſus: Ont des glaires, ou vne lie &
réſidence au fonds: qui eſt blanche, & eſtant
chaufée devient claire comme auparavant,
ou ne ſe change point.

Ne ſuë point : ou bien a ſué ſouvent ou rarement, par tout le corps, ou en quelque partie, comme à l'entour de la teſte, du front, du
col & de la poitrine: leſquelles ſueurs ſe font
ſeulement par moiteur, à groſſes goutes, en
grande ou en petite quantité : ſont chaudes,
ou froides, puantes ou de nulle odeur, graſ-
ſes ou gluantes : qui durent vn quart d'heure, demie , trois quarts d'heure 1 2 3 4 5
6 7 8 9 10 11 12 heures : arrivées au 1 2 3
4 5 6 7 8 9 10 11 12 13 14 15 16 17 18
19 20 21 jour de ſa maladie.

Crache avec peine & en touſſant, ou facilement & ſans touſſer, quantité ou peu de
crachats clairs , eſpais , glüans , ronds
blancs, jaunes, rouges, ou noirs, eſcumeux,
boüeux & en façon d'apoſtume.

Ne rend point, ou rend beaucoup ou peu
de ſang, par le nez, de la narine gauche ou
droite, ſouvent ou rarement, clair ou eſpais, rouge & vermeil ou noir ; Par la bouche , en touſſant , en vomiſſant , ou ſans
touſſer ni vomir, avec ou ſans douleur : qui eſt
en grande ou petite quantité, clair, ou eſpais,
eſcumeux , rouge ou noir : Par le fonde-

31

ment, sans aller ou allant à la selle, meslé, ou
non meslé avec des excrémens, clair ou es-
pais, rouge, vermeil ou noir.

A l'esprit libre : ou bien a eu, ou a encor
quelque tristesse , crainte & apprehen-
sion, sans sujet ou avec sujet.

Sa douleur à l'endroit cy-dessus marqué
dans la figure A , B, ou C, est tousjours de
mesme : ou s'augméte ou se soulage en tou-
chát sur la partie, & est avec ou sans pesanteur : est petite, moyenne, grande, ou insu-
portable : & semble au malade qu'il a vn far-
deau, qu'on luy bande ou estend la partie , y
resset côme des pointes d'alesnes, des coups
de marteaux : & est continüe ou vient par
intervalles : luy est venüe depuis peu, ou est
de long temps : est plus forte à jeun ou apres
le repas, le jour ou la nuit : reçoit soulagemét
par la chaleur, ou par le froid : ou ne reçoit
aucun soulagement du chaud ni du froid.

Demeure souvét ou aucunes fois sans sentiment ou mouvement : avec ou sans perte
ou diminution de jugement & de mémoire :
avec ou sans cry : rend ses excrémens volon-
tairemét ou sans y penser : ronfle & jette de
l'escume par la bouche ; a des retractions
de tous ses membres, ou seulement de quelques-vns, marquez en la figure A, B, ou C.

A des tournoyemens de teste, continüels

ou de fois à autre, avec ou sans obscurité
de veuë, devant ou apres le repas.

A des tressaillemens souvent, ou raremét.

A mal aux yeux, avec ou sans inflammation, rougeur, cuisson, larmes involontai-
res, chassie, ou bouë : & ce de soy mesme ou
depuis vn coup, ou qu'il luy est entré quelque chose en l'œil.

A les yeux beaux, & toutesfois ne void
point : ou bien à quelque taye & couverture
blanche sur la prunelle droite ou gauche,
ou sur les deux prunelles : ou semble que
quelques mouscherons volent devant ses
yeux : ne void qu'en grande ou petite clar-
té, que les choses eloignées ou proches, ou
void les choses en bonne distance, comme
elles sont, ou doubles : est lousche ou borgne ou aveugle par naissâce ou par accidét.

A douleur d'oreilles, avec bourdónement,
tintement, ou quelque bruit, invéteré ou
avenu depuis peu : grád, petit ou mediocre :
l'oüye dure : sort ou ne sort point de bouö
de son oreille : n'entend point du tout des
sa naissance, ou depuis 1 2 3 4 5 6 7 ans,
mois, jours, & plus ou environ, depuis qu'il
luy est entré quelque animal ou autre chose
dans l'oreille, qu'il a vzé de vif argent.

A le nez empesché de quelque chose au
dedans, comme excroissance de chair molle,
dure,

dure, rouge, noire, vlcérée ou non, avec
ou sans mauvaise odeur luy estant entré
quelque chose dans le nez : mouche peu ou
beaucoup des matiéres espoisses ou claires,
vertes, jaunes ou blanches, ou ne mouche
point du tout, ou se frotte souvent le nez, a
l'odorat diminüé ou perdu entiérement.

A la langue belle, ou chargée de chan-
cre ou crasse, de couleur blanche, noire ou
jaune, humide, seche, extrémement rude,
& fenduë, avec quelques escorchures:parle
librement ou bégaye de sa naissance ou depuis sa maladie, a perdu la voix, ou la parole, est enroüé : a ou n'a pas le filet, tette
bien ou ne peut teter.

A la bouche bonne, ou amére, salée, ou
puante, avec mauvaise halaine, escorchée
ou non: les gencives qui couvrent les dents
enflées, vlcérées, rongées ou entiéres.

A avalé vne areste, os, ou quelque corps
estrange, ou il croid que quelque animal se
soit glissé dans son gozier en dormant.

A de la peine à avaller, & semble que
quelque morceau luy soit demeuré dans le
gozier : Ce qu'il avalle fait du bruit comme s'il le jettoit dans vn tonneau.

A des rapports à la bouche, aigres, amers,
de mauvaise odeur, ou jette vens ou des vers
par la bouche : est sevré ou non depuis 1 2
3 4 5 6 7 jours, semaines, mois.

E.

L'enfant a ou n'a encor toutes ses dents: & luy en perce ou manque 1 2 3 4 5 6 7 8 9 10 grosses d'enhaut ou d'enbas, ou 1 2 3 4 5 6 petites d'enhaut ou d'enbas, ou 1 ou les 2 œillieres.

A douleur de dents, depuis peu ou long temps : d'vn costé seulement ou de tous les deux : ayant les dents fermes ou ébranlées, gastées, ou n'ayant qu'vne grosse ou petite dent gastée, pourrie & creuse : laquelle douleur est plus forte de nuict que de jour, ou de jour que de nuict, & s'appaise par le chaud ou par le froid.

A douleur de col, qui luy empesche ou n'empesche point de tourner la teste, avec ou sans glandes : ou a enfleure de tout le col, avec ou sans rougeur, douleur & inflammation, laquelle empesche ou n'empesche point la respiration quand on est couché ou debout.

A douleur de costé gauche ou droit, la douleur montant ou ne montant pas jusques sous la mammelle, ou l'aisselle.

Se couche aisément, indifféremment ou difficilement sur le costé sain ou malade.

A empeschement dans la poictrine, avec ou sans raallement, rougeur des jouës, maigreur de tout le corps, ou seulement des jambes & cuisses.

A des palpitations ou battemens de cœur,

fort souvent ou rarement.

A naturellement ou depuis sa maladie le pouls viste, mediocre ou tardif, fort, moyen ou foible, égal ou inégal.

A des souspirs, rares ou tres-fréquens.

A perdu le goust des viandes, à l'abord desquelles l'estomach bondit. A vn peu ou beaucoup de dégoust: à grand ou médiocre appétit des choses ordinaires ou extraordinaires.

A douleur dans le creux de l'estomach, devant ou vne, deux, trois, quatre, cinq & six heures apres le repas, ou tousjours.

Digére bien, ou ne digére point les viandes, & les rend par les selles de mesme qu'elles ont esté prises, ou les digére avec peine, ou bien les rend par la bouche à l'instant, ou vne, deux, trois, quatre, cinq, six ou sept heures apres le repas.

Rejette rarement ou souvent, peu ou beaucoup de son laict clair ou caillé, à l'instant ou vn quart d'heure, demie heure, vne ou deux heures apres avoir tetté.

A dévoyement par haut & par bas, avec ou sans gouttes-crampes, & vomit des matiéres fécales, blanches, jaunes, noires, vertes ou de diverses couleurs.

Rend par les selles souvent ou rarement des vers vifs, morts, longs, courts, plats, velus, en grande ou petite quantité.

Tombe en defaillance, foudain, peu à peu, fouvent ou rarement, & y demeure peu ou long temps.

A douleur au defaut des coftes du cofté droit ou gauche, avec ou fans hocquet, avec ou fans dureté & téfion de la partie, laquelle douleur, preffe ou ne preffe point l'eftomach, avec ou fans bruit dans le ventre.

A le ventre de bonne groffeur, ou enflé & tendu : fent vn flotemét ou côme vne veffie pleine d'eau, qui refonne côme vn tambour ou mefme tout le corps : duquel fi on touche vne partie, la marque du doigt y demeure ou n'y demeure point : ou bien a les jambes feulemét, ou le ventre & les cuiffes & les jambes enflées : laquelle enflure vient le foir & s'en va le matin, ou dure tousjours, n'arrive qu'eftant debout, de nuict, ou de jour eft grande, petite ou médiocre : & ce fans qu'aucune maladie ait précédé, ou apres quelque fiévre continue, quotidienne, tierce ou quarte.

A douleur picquante à l'endroit des reins, ou marqué en la figure A, B ou C, du cofté droit ou gauche, ou le long du ventre, avec ou fans envie de vomir, avec ou fans engourdiffement, ou douleur de la cuiffe du mefme cofté.

A douleur de tout le ventre, qui ne s'appaise que par la chaleur ou fraischeur, ou seulement à l'endroit du nombril qui s'appaise par le chaud ou par le froid.

A, ou croid avoir, la pierre aux reins & en la vessie.

A douleur des jointures, avec ou sans enfleure, rougeur ni dureté: laquelle douleur s'adoucist par le chaud ou froid, & est continuë, ou bien vient seulemét par intervalles, principalement au Printemps, en Automne, en Esté ou en Hyver, marche libremét, ou ne peut marcher qu'avec difficulté.

A douleur de tous les membres à la fois, ou seulement de quelques-vns : laquelle douleur est profonde ou extérieure aux jointures, au milieu ou hors d'icelles plus forte la nuit que le jour, ou le jour que la nuit, qui fait boiter ou non : ou bien a des douleurs qui courent deçà & delà, tantost d'vn bras , tantost de l'autre, tantost d'vne jambe & tantost d'vne autre partie marquée en la figure A, B ou C.

A des gratelles & galles dures ou molles, par tout le corps, ou seulement autour du front, à la teste : qui jettent ou ne jettent point de boüe ni d'eaux rousses ou claires, & en quelques autres parties, avec ou sans cheute de poil, grande, médiocre ou petite

demangeaifon, efcailles, efcorcheures &
vlcéres: qui font difficiles ou faciles à gué-
rir, ou retournent apres eftre guéries.

A ou n'a pas des poux à la tefte, ou par
tout le corps en grande ou petite quantité. 5

Pour les mafles.

Eft marié, veuf ou garçon.

Ne peut retenir fa feméce depuis 1 2 3 4
5 6 7 8 jours, femaines, mois, ans: qui eft 10
claire ou efpeffe, aqueufe, blanche, ou qui
teint le linge : de couleur jaune ou verte, de
mauvaife odeur : la rend avec douleur ou
fans la fentir : fans vriner, en vrinant, devant ou apres avoir vriné, meflée avec l'v- 15
rine ou non.

Coule fouvent ou rarement.

En grande, moyenne ou petite quantité.

Avec ou fans tenfion de la verge.

Ayant ou n'ayant point la verge enflée. 20

Avec ou fans tumeur du gland.

Avec ou fans enfleure du prépuce , ou
peau qui couvre le glãd: laquelle peau couvre & defcouvre facilement le glãd ou ne le
peut couvrir, ou bien ne le peut defcouvrir. 25

Avec ou fans cuiffon dans le conduit.

Avec ou fans vlcére fur le gland ou fur
fa peau: lequel vlcére a les bords durs ou
mols , a des chairs fuperfluës, ou eft vni ou

creux, s'eſt guéri & eſt revenu, ou ne s'eſt
point guéri du tout, mais vn peu diminué.

A eu depuis peu de jours, de mois ou
d'années, l'vne ou les deux glandes des aines groſſes, molles, endurcies, avec ou ſans
douleur : qui ont ſuppuré ou non, de la
groſſeur d'vne noiſette, noix, d'vn œuf, du
poing, & plus : les bourſes ou teſticules enflées avec ou ſans deſcente du boyau qui ſe
remet la nuit ou ne ſe remet point en ſon
lieu.

A des poireaux ou verues ſur le gland ou
ſur la peau qui couvre le gland.

A vne carnoſité dans le conduit de la
verge, qui l'empeſche d'vriner : ce qui ſe
recognoiſt lors qu'en introduiſant dedans
vne bougie on trouve quelque réſiſtance.

Leſquels accidens durent depuis

Ans,				Mois,	Iours.			Heures.		
1	2	3	4	1	1	12	23	1	12	
5	6	7	8	2	2	13	24	2	13	
9	10	11	12	3	3	14	25	3	14	
13	14	15	16	4	4	15	26	4	15	
17	18	19	20	5	5	16	27	5	16	
21	22	23	24	6	6	17	28	6	17	
25	26	27	28	7	7	18	29	7	18	
29	30	31	32	8	8	19	30	8	19	
33	34	35	36	9	9	20		9	20	
37	38	39	40	10	10	21		10	21	
41	42	juſtes		11	11	22		11	22	23
ou environ.					juſtes ou environ.					

Pour les filles & femmes.

Est fille, femme mariée ou vefve depuis 1 2 3 4 5 6 7 8 9 10 11 mois, ans & plus.

N'a point encor eu ses purgations, ou les [5] a euës rarement en petite quantité, avec ou sans reigle, avec ou sans grandes incommoditez, comme trenchées & douleurs de ventre : ou bien les a euës, mais sont arrestées depuis 1. 2 3 4 5 6 7 8 9 10 11 12 [10] 13 14 15 16 17 18 19 20 21 jours, mois, ans, sans cause apparente, ou à cause de quelque fascherie, crainte, tristesse : ou les a en grande, petite ou mediocre quantité, sans ou avec douleur de reins, dégoust, [15] foiblesses & bruits dans les oreilles : lesquelles purgations durent depuis 1 2 3 4 5 6 7 8 9 10 11 12 13 14 15 16 17 18 19 20 21 jours, mois, avec ou sans intervalle de 1 2 3 4 5 6 7 8 9 10 11 12 13 14 15 jours. [20]

A maintenant, ou a coustume d'avoir ses mois, fleurs, ou purgations vermeilles, claires, espaisses, jaunes, vertes, noires, pasles : avec ou sans caillots de sang : avec ou sans cuisson : ou bien a des fleurs blan- [25] ches, claires ou espaisses, aussi avec ou sans cuisson, en grande ou petite quantité, continüellement ou par intervalles : Les a perdües entierement il y a 1 2 3 4 5 6 7 8 9 10 11 mois, ans, & plus. A les

A les pasles couleurs, ou le teint passe,
verdastre, jaunastre, noirastre : avec difficulté de marcher , pesanteur de jambes,
envie de manger des choses extraordi-
5 naires , comme plastre , charbon, cendre,
sel, craye, & choses semblables.

Est, ou pense estre, grosse depuis 1 2 3 4
5 6 7 8 9 semaines, mois parfans & demi ou
environ : Le sein luy grossit ou diminuë :
10 a engourdissement ou douleur de cuisses,
jambes & genoux : a envie de mâger de cer-
taines choses. A des maux de cœur.

A senti ou n'a point senti encor remüer
son enfant, ou le sent remüer souvent ou
15 rarement. A fait quelques vuidages d'eaux.

Accouche ordinairement à terme, sans
ou avec grand travail , qui dure 1 2 3 4
5 6 7 8 jours, ou bien avant le terme , à
4 5 6 8 mois , sans cause apparente : ou
20 bien est accouchée avant le terme, à cause
d'vne cheute, effort , coup , crainte sou-
daine, perte de sang : Ou bien est accouchée à terme, les eaux estans sorties 1 2 3 4
jours avant l'enfantement, ou seulement
25 vn peu auparavant iceluy : ou est en travail d'enfant depuis plus de 1 2 3 4 5 6 7
8 9 10 11 12 13 14 15 16 17 18 19 20 21
22 23 heures, ou 1 2 3 4 5 6 7 8 9 jours.

A esté bien ou mal délivrée, d'vn garçon
ou d'vne fille, depuis 1 2 3 4 5 6 7 8 9 10 11

F

12 13 14 15 16 17 18 19 20 21 22 23 heures,
jours, femaines ou mois: l'arrierefaix eftant
forti entier, ou bien ayant efté defchiré &
fortant par morceaux, avec ou fans puãteur,
ou en eftant encor refté quelque partie s
dans la matrice.

L'enfant eftant ou ne s'eftant pas préfenté
ou venu naturellement, mais ayãt préfenté
ou eftãt forti les pieds devãt, ou préfenté vn
bras: eftant venu double, vif ou mort: ayant 10
efté tiré par violence, entier ou par piéces.

A ou n'a pas bien eu fes vuidanges &
purgations apres l'accouchement.

Nourrit ou ne nourrit point fon enfant.

Avec ou fans douleur, inflammation, 15
dureté ou abcez & vlcére des mammelles:
le laict eftant ou n'eftant grumelé:

Le bout des mammelles eftant ou n'e-
ftant pas efcorché:

Ayant grande, petite ou médiocre quan- 20
tité de laict: qui eft doux, ou piquant, blanc
ou jaunaftre: clair, & qui coule trop eftant
mis fur l'ongle, mediocrement efpais: qui
ne s'enfle point eftant boüilli: ou bien n'a
point du tout de laict. 25

Ne peut avoir d'enfans, encor qu'il ne
tienne pas à fon mary.

A les mammelles rondes ou larges &
plattes, groffes, moyennes, ou petites, dures
ou molles: & les flancs larges ou eftroits.

A le ventre gros & enflé, encor
qu'elle ait passé le terme de neuf mois : est
de bonne ou mauvaise couleur, & ne sent
rien remüer dedans le ventre : lequel estant
touché resonne ou ne resonne point.

A ou n'a point senti de douleur picquante, avec ardeur dans la matrice, & sort
ou ne sort point d'icelle aucune matiére.

A la matrice vlcerée, avec ou sans demangeaison.

A vers l'orifice de la matrice vne tumeur
de couleur blanche, rouge, noirastre, avec
douleur, dureté dans les aines, le bas ventre, le dos, ou autres parties marquées en
la figure A, B ou C.

A l'orifice de la matrice retiré au dedans, avec ou sans engourdissement &
froideur des genoux : a cet orifice haut,
bas, espois, dur, mol, droit, ou à costé :
ou l'a fermé de tout temps, ou depuis
quelque temps, en suite de quelques vlcéres cicatrizez.

A vne descente de matrice petite, grande ou médiocre depuis peu ou beaucoup
de jours, de mois ou d'années.

A des suffocations : avec ou sans perte de
mouvement & sentiment, difficulté de res-
pirer, & mesme comme il semble, privation
de respiration & de pouls, & a retraction
des membres.

F ij

A ou a eu des bubes ou éleveures de petite verole par tout le corps, ou aux parties
marquées en la figure A, B, ou C, qui sont
sorties peu ou en abondance, ou sont dispa-
rnés incontinent, des verruës plus larges ou
estroites en leur racine qu'en leur sommet,
noirastre, blanchastre, rondes, longues.

A tumeur ou enfleure grande, médiocre
ou petite, & de la grosseur de la moitié d'v-
ne lentille, d'vn pois, d'vne feve, noisette,
noix, d'vn œuf de pigeon, de poule, d'oye,
du poing, des deux poings, de la teste.

Qui a commancé depuis

Ans,					Mois,	Iours,			Heures.	
1	2	3	4	5	1	1	11	21	1	12
6	7	8	9	10	2	2	12	22	2	13
11	12	13	14	15	3	3	13	23	3	14
16	17	18	19	20	4	4	14	24	4	15
21	22	23	24	25	5	5	15	25	5	16
26	27	28	29	30	6	6	16	26	6	17
31	32	33	34	35	7	7	17	27	7	18
36	37	38	39	40	8	8	18	28	8	19
41	42	justes ou			9	9	19	29	9	20
environ.					10	10	20	30	10	21
						11 ou environ			11	22 23

En la partie du corps marquée en la figure A, B ou C.

Cette tumeur eſt dure ou molle.

Sans douleur ou avec douleur.

Sans chaleur ou avec chaleur.

Rouge, jaunaſtre, paſle, livide, ou noire.

Venuë en ſuite de quelque maladie, ou ſans avoir eſté malade.

Apres, ou ſans cheute ou effort.

Remuë ou ne remuë pas quand on la touche.

Eſt venuë ſubitement, ou par ſucceſſion de temps.

Paroiſt & diſparoiſt de fois à autre: ou eſt tousjours en meſme eſtat.

Eſt avec ou ſans demangeaiſon,

Avec ou ſans puſtules ou bubes.

La marque du doigt y demeure quand on la preſſe, ou n'y demeure pas.

Aboutit ou n'aboutit pas en pointe.

Bat ou ne bat pas.

Eſt dure des le commancement, ou s'eſt endurcie apres l'application des remédes.

A des veines enflées tout à l'entour.

A fait eſcharre ou crouſte.

Eſt avec ou ſans époinçonnemens.

Eſt peſante.

Eſt tranſparente, & au travers de laquelle on void la lumiére.

Eſt longue, ronde, en triangle, quarrée, ou ſigure inégale.

A blessure faite il y a

Ans,	Mois,	Iours;	Heures.
1 2 3 4 5	1	1 11 21	1 12
6 7 8 9 10	2	2 12 22	2 13
11 12 13 14 15	3	3 13 23	3 14
16 17 18 19 20	4	4 14 24	4 15
21 22 23 24 25	5	5 15 25	5 16
26 27 28 29 30	6	6 16 26	6 17
31 32 33 34 35	7	7 17 27	7 18
36 37 38 39 40	8	8 18 28	8 19
41 42 justes ou	9	9 19 29	9 20
environ.	10	10 20 30	10 21
	11 ou environ		11 22 23

Cette blessure est superficielle ou profonde, en la partie ou aux parties marquées en
la figure A, B ou C.

Est faite du tranchant ou de la pointe
d'vne espée, poignard ou cousteau: aiguille,
ou alesne: ou bien est arrivée par vne cheute d'vn lieu haut, ou de la hauteur seulement
du blessé, avec ou sans meurtrissure: ou
a esté faite d'vn coup de poing, baston, pierre, ou arme à feu, de loing ou de pres, par
l'esclat d'vne pierre, ou d'vn baston: la balle,
la bourre ou vne piéce de l'habit estans
demeurez dans la playe: duquel coup le pa-
tiét est ou n'est pas tombé, avec ou sans perte de parole: ou la blessure vient de quelque
morsure ou picquure d'animal véneneux ou
non véneneux.

De laquelle playe a forti ou fort encor
grande ou petite quantité de fang : qui a
coulé ou coule en ruiffelant, bondiffant ou
goutte à goutte, pur ou meflé avec matiére
5 fecale, ou vrine : ou d'où fort vne matiére
grife, blanche comme laict, jaune ou noire.

En laquelle la chair eft ou n'eft pas emportée : avec ou fans inflammation, enflure,
douleur, rétraction des parties, difpofition à
10 gangréne ou mortification, noirceur, fiévre,
défaillance, refverie, vomiffement.

Laquelle playe eft grande ou petite, de
long ou de travers , de haut en bas, ou de
bas en haut, pénétre ou ne pénétre point
15 dans les capacitez, a entrée & yffuë, ou n'a
point d'yffuë : de laquelle fort quelque vent
ou air qui fouffle la chandelle.

Des Vlcéres.

A plufieurs vlcéres, ou n'a qu'vn vlcére
20 en la partie ou aux parties du corps marquées en la figure A, B ou C : lequel vlcére
eft venu de foy mefme fans aucune caufe
externe, ou eft venu en fuite de quelque
cheute, coup, bleffure, apofteme, brûlure,
25 piqueure, ou morfure d'animal non vene-
neux.

Eft creux, ayant l'entrée eftroite & s'é-
largiffant au dedans , avec ou fans dureté
des bords d'iceluy : ou bien eft fuperfi-

ciel, long, eſtroit, large, rond, quarré, en triangle, avec ou ſans groſſes veines à l'entour: avec ou ſans inflammation, avec ou ſans rougeur, avec ou ſans douleur: eſtant rempli de chairs mortes, baveuſes: ou ayant la chair belle & vermeille, avec ou ſans corruption des os: qui rend peu, médiocrement, beaucoup ou point du tout de matiére: laquelle eſt blanche, griſe, noire, claire, eſpeſſe: avec ou ſans puanteur: ou qui eſt meſlée de ſang: ou jette vne eau rouſſe avec des vers: lequel vlcére court & change de lieu, rongeant les parties qui ſont autour d'iceluy, eſt environné au dedans d'vne peau en forme de tuyau.

Cet vlcére ayant eſté guéry vne fois, revient ou ne revient pas, eſt grand ou petit: eſt depuis

Ans,					Mois,	Iours.			Heures.	
1	2	3	4	5	1	1	11	21	1	13
6	7	8	9	10	2	2	12	22	2	14
11	12	13	14	15	3	3	13	23	3	15
16	17	18	19	20	4	4	14	24	4	16
21	22	23	24	25	5	5	15	25	5	17
26	27	28	29	30	6	6	16	26	6	18
31	32	33	34	35	7	7	17	27	7	19
36	37	38	39	40	8	8	18	28	8	20
41	42 juſtes, ou				9	9	19	29	9	21
environ.					10	10	20	30	10	22
					11				11	23

ou environ 12

Des

Des Fractures.

A vn os rompu en quelqu'vne ou plusieurs parties du corps marquées en la figure A, B ou C: par cheute, coup ou blessure d'arme à feu.

Avec playe, ou sans playe.

Qui est rompu net, ou éclatté, de travers
ou en long, avec esquilles ou petites piéces
d'os, ou sans esquilles.

Sort ou ne sort pas: est en dedans, ou en
dehors: en haut ou en bas.

A les deux os rompus en la jambe ou au
coude, ou n'en a qu'vn rompu: qui a esté
replacé à l'instant, ou long temps apres, ou
qui n'est pas encor remis en sa place.

Où le cal se forme, ou ne se peut former.

A le test fendu, devant ou derriére, ou
proche des tempes, ou pres des sutures, &
dont la fracture est grande ou petite, avec
ou sans enfonceure de l'os, la fente pénétrant ou ne pénétrant pas jusques à la secon-
de table, ou pénétrât jusques à la dure mére.

A la pièce de l'os qui est rompu emportée ou non emportée.

Des Luxations.

A vn os démis ou hors de sa boëte, en
quelqu'vne ou plusieurs parties du corps,
marquées en la figure A, B ou C.

Cet os est tout a fait hors de sa boëtte, ou
ne l'est qu'à moitié.

G

Eſt démis par deſſus, deſſous, à gauche ou à droite :

Par violence, comme cheute, entorſe : ou ſans violence & peu à peu :

Se meut à peine, ou ne ſe meut point du tout :

Eſt enfoncé, eſt au niveau des autres, ou ſort en dehors :

Eſt démis de ſoy meſme ou par accident, depuis

Ans,					Mois,	Iours,			Heures.	
1	2	3	4	5	1	1	11	21	1	12
6	7	8	9	10	2	2	12	22	2	13
11	12	13	14	15	3	3	13	23	3	14
16	17	18	19	20	4	4	14	24	4	15
21	22	23	24	25	5	5	15	25	5	16
26	27	28	29	30	6	6	16	26	6	17
31	32	33	34	35	7	7	17	27	7	18
36	37	38	39	40	8	8	18	28	8	19
41	42	juſtes ou			9	9	19	29	9	20
environ.					10	10	20	30	10	21
					11 ou environ	11	22	23		

A ſoupçon de poiſon ou d'enſorcelement.

Le malade ou la malade a le ventre libre, ou ne va point, ou rarement à la garde-robe, que par lavemens.

On l'a fait vomir en cette maladie 1 2 3 fois, & a rendu des coles ou des eaux claires, jaunes, vertes, & s'é eſt trouvé pis ou mieux.

A eſté ſaigné ou ſaignée du bras 1 2 3

4 5 6 7 8 9 10 11 12 13 14 fois : du pied
1 2 3 4 5 6 7 fois. Son sang estoit tres-beau
ou corrompu , aux prémiéres saignées **ou**
palettes : tres-beau ou corrompu aux der-
5 niéres saignées ou palettes.

A esté purgé ou purgée 1 2 3 4 5 6.7 fois,
& s'en est trouvé pis ou mieux.

Ce livret a esté envoyé pour consulter
10 à 1 2 3 4 5 6 7 8 9 10 11 heures & vn demi quart, demie, trois quarts avant ou apres
midi : ou à minuit commançant , finissant
justes, du 1ᵉʳ, 2 3 4 5 6 7 8 9 10 11 12
13 14 15 16 17 18 19 20 21 22 23 24 25
15 26 27 28 29 30 31ᵉ jour de Ianvier, Février,
Mars , Avril, May, Iuin , Iuillet, Aoust,
Septembre, Octobre, Novembre, Decembre:
L'an 1642 1643 1644 1645 1646 1647
1648 1649 1650 1651 1652 1653 1654
1655 1656 1657 1658 1659 1660 1661
1662 1663.

Voila les principales remarques à faire sur les
malades & sur leurs maladies, qui ne sont point
icy nommées : pource qu'il y a plus de péril à impo-
ser le vray nom aux maladies que de facilité , la-
quelle nous avons icy recherchée pour toute sorte
de personnes : desquelles remarques les sains se
pourront aussi servir pour demander avis , afin de
conserver leur santé : sans parler des autres vsa-

ges curieux de ce Livre, comme de servir de tableau à représenter presque la Physionomie d'vne personne absente. Car de comprendre toutes les circonstances de chaque sujet, outre ce qu'il seroit trop ennüyeux, il n'arrive guéres que les premieres éditions des livres soyent toutes parfaites : estant assez que ces remarques surpassent celles qui se font d'ordinaire par les meilleurs & plus exacts Médecins Consultans, & qu'elles suffisent à la connoissance des maladies. Ce qui doit servir de response aux Censeurs qui blasmeront cet ouvrage d'en avoir dit trop peu : comme ceux lesquels y en trouveront trop, le peuvent laisser, voire se contenter s'ils veulent de la table suivante. Ce qui ne concerne pas leurs autheurs : puis que le profit qui viendra de l'vn & de l'autre est voüé à la boëte des pauvres malades, ainsi que l'vsage en doit estre commun aux pauvres & aux riches indifféremment.

Que s'il arrive à nos Critiques de dire qu'il n'y avoit rien de plus aisé que cette invention : ils ne diront que ce que l'on a de tout temps opposé aux plus belles choses : dont l'excellence consiste en ce qu'elles se trouvent tres faciles quand elles sont descouvertes : n'y ayant celuy qui n'eust creu en pouvoir faire autant. Mais qu'ils prennent garde que cette facilité ne leur tourne à plus grand blasme; de n'avoir pas travaillé à vne chose si aisée, & que l'expérience fait & fera de jour en jour reconnoistre si vtile au genre humain.

TABLE

TABLE DV LIVRE INTITVLÉ

La présence des absens, ou facile moyen
de rendre présent au Médecin l'estat
d'vn malade absent.

Laquelle pourra suppléer au defaut dudit livre,
y marquant d'vn crayon les signes & accidens
qui conviendront au malade pour lequel on de-
mandera conseil : ceux qui voudront estre plus
exacts ayans recours au livre.

A Age du malade
ou de la malade, 1
2 3 4 5 6 7 8 9 10 11
12 13 14 15 16 17 18 19
20 21 25 28 30 31 40
42 45 49 50 55 56 60
63 65 70 75 77 ans,
mois, semaines, jours,
ou environ. page 23.

Accouchée il y a plus
de 1 2 3 4 5 6 7 8 9
10 11 jours, mois,
ans, page 41 ligne 16

Accez déréglé, réglé,
qui prend tous les
jours, au soir, au
matin, de deux, trois,
quatre iours l'vn : a
deux mauvais jours
& vn bon, pag. 24

Air natal ou non, expo-
sé au Soleil ou vent,
p. 22 li. 7

Alaite ou n'alaite point
son enfant, p. 42 l. 14

Appetit grand, medio-
cre, petit, desordon-
né, p. 41 li. 4

Arrierefaix retenu ou
forti, entier ou def-
chiré, p. 42 li. 1

Avale facilement ou
avec peine, p. 33. l. 23

Aveugle, p. 32. l. 18

B Aaille fréquem-
ment, rarement, pa.
24, li. 21

Batement de cœur, p.
34, ligne 30

Bégayement, pa. 33, l. 12

Boiteux de la hanche,
jambe, ou pied droit
ou gauche, p. 21 li. 20

Borgne, p. 32. l. 18

Bossu devant ou derrie-
re, p. 21. l. 19

Bouche grande, médio-
cre, petite, p. 20. l. 24
bonne ou mauvaise,
p. 33 li. 16

H

FIN.